+Experimentos
Ciências

4

Elaine Bueno • Carolina Lamas
Alysson Ramos • Rosangela Borba
Euler de Freitas

Nome: _____

Turma: _____

Escola: _____

Professor: _____

Dados Internacionais de Catalogação na Publicação (CIP)
(Câmara Brasileira do Livro, SP, Brasil)

+ Experimentos: ciências, 4 / Elaine Bueno...[et al.]. – São Paulo: Editora do Brasil, 2016.

Outros autores: Carolina Lamas, Alysson Ramos, Rosangela Borba, Euler de Freitas
ISBN 978-85-10-06354-8 (aluno)
ISBN 978-85-10-06355-5 (professor)

1. Ciências (Ensino fundamental) I. Bueno, Elaine. II. Lamas, Carolina. III. Ramos, Alysson. IV. Borba, Rosangela. V. Freitas, Euler de.

16-04106 CDD-372.35

Índices para catálogo sistemático:
1. Ciências: Ensino fundamental 372.35

© Editora do Brasil S.A., 2016
Todos os direitos reservados

Direção geral: Vicente Tortamano Avanso
Direção adjunta: Maria Lucia Kerr Cavalcante de Queiroz

Direção editorial: Cibele Mendes Curto Santos
Gerência editorial: Felipe Ramos Poletti
Supervisão editorial: Erika Caldin
Supervisão de arte, editoração e produção digital: Adelaide Carolina Cerutti
Supervisão de direitos autorais: Marilisa Bertolone Mendes
Supervisão de controle de processos editoriais: Marta Dias Portero
Supervisão de revisão: Dora Helena Feres
Consultoria de iconografia: Tempo Composto Col. de Dados Ltda.

Coordenação de edição: Angela Sillos
Edição: Nathalia C. Folli Simões, Rafael Braga de Almeida e Sabrina Nishidomi
Assistência editorial: Ana Caroline Mendonça, Erika Maria de Jesus e Mateus Carneiro Ribeiro Alves
Auxílio editorial: Aline Tiemi Matsumura
Coordenação de revisão: Otacilio Palareti
Copidesque: Ricardo Liberal
Revisão: Alexandra Resende, Ana Carla Ximenes, Elaine Fares e Maria Alice Gonçalves
Coordenação de iconografia: Léo Burgos
Pesquisa de capa: Léo Burgos
Pesquisa iconográfica: Léo Burgos
Coordenação de arte: Maria Aparecida Alves
Assistência de arte: Carla Del Matto
Design gráfico: Estúdio Sintonia e Patrícia Lino
Capa: Maria Aparecida Alves
Imagem de capa: jcjgphotography/Shutterstock.com
Ilustrações: Estúdio Mil, Helio Senatore e Ilustra Cartoon
Coordenação de editoração eletrônica: Abdonildo José de Lima Santos
Editoração eletrônica: Gilvan Alves da Silva
Coordenação de produção CPE: Leila P. Jungstedt
Controle de processos editoriais: Beatriz Villanueva, Bruna Alves, Carlos Nunes e Rafael Machado

1ª edição / 1ª impressão, 2016
Impresso na AR Fernandez Gráfica

Rua Conselheiro Nébias, 887 – São Paulo/SP – CEP 01203-001
Fone: (11) 3226-0211 – Fax: (11) 3222-5583
www.editoradobrasil.com.br

Sumário

O que é uma atividade experimental? 4

Material comum de laboratório 5

Regras de segurança para as atividades 7

Corpo humano e saúde 8
1. Movimentos do braço humano. 8
2. Testando a força dos músculos 10
3. Montando um modelo de sistema urinário 12
4. Simulando a digestão 14
5. Importância das vilosidades do intestino 16

Vida e ambiente 18
6. Metamorfose. 18
7. Como as plantas absorvem água? 20
8. Solo e importância das plantas 22
9. Simulando o efeito estufa 24

Universo e tecnologia 26
10. Conhecendo um microscópio 26
11. A matéria ocupa espaço. 28
12. Flutua ou afunda? 30
13. Um líquido flutua sobre outro? 32
14. Separando misturas. 34
15. Simulando um *air bag*. 36
16. Mudanças de estado físico da água 38
17. Dissolução de sal na água 40
18. Expondo a água ao Sol 42
19. Tratamento da água. 44
20. Qualidade do ar. 46

O que é uma atividade experimental?

De modo bem simples, podemos dizer que ciência significa conhecimento ou saber, ou seja, é todo o conhecimento sobre o mundo e os seres que nele vivem obtido pelo estudo ou pela prática, por meio da observação e de testes para ver como as coisas são ou funcionam.

Há muitos modos de compreender os assuntos da ciência.

Em sala de aula, podemos aprendê-los com leituras, conversas com os colegas e explicações do professor. Outro modo de fazer isso é com atividades práticas, reproduzindo fenômenos que ocorrem no dia a dia. Por exemplo, é possível observar como a água muda de estado físico: a água líquida pode se tornar sólida, na forma de gelo, ou pode vaporizar, tornar-se vapor de água, forma em que é invisível.

A atividade experimental é isto: procurar conhecimento por meio de observação e experimentação, que possibilita testar ou comprovar ideias sobre o mundo.

Existem diversos experimentos simples, propostos neste caderno. Você vai gostar de realizá-los, afinal muitos deles procuram esclarecer dúvidas e curiosidades que acompanham a humanidade há muito tempo!

Desse modo, você estará dando passos largos em busca de conhecer melhor o mundo!

Material comum de laboratório

Conheça alguns instrumentos comuns em laboratórios.

• **Microscópio óptico**

Instrumento que amplia a imagem de objetos, materiais ou seres pequenos, geralmente invisíveis a olho nu. É preciso manuseá-lo com cuidado, pois é muito frágil.

Veja a seguir quais são os principais componentes do microscópio e suas funções.

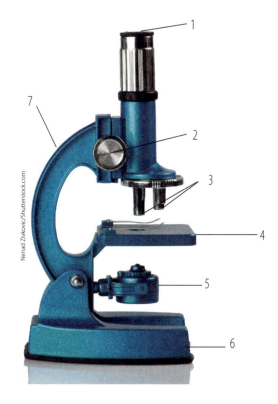

1. Lentes oculares – nelas posicionamos os olhos para visualizar a imagem ampliada do objeto em estudo.
2. Botão macrométrico e botão micrométrico – regulam o foco da imagem, ou seja, ajudam a ajustar a imagem para a melhor visualização.
3. Lentes objetivas – têm diferentes capacidades de aumento. Modificando a posição delas podemos variar o aumento da imagem.
4. Platina – suporte onde se coloca a lâmina que será analisada, fixada com auxílio da pinça.
5. Lâmpada – fornece a luz necessária para a visualização da lâmina.
6. Base – dá suporte para todo o aparelho.
7. Braço – parte onde seguramos o microscópio para transporte. Articula todas as partes desse instrumento.

Como usar o microscópio óptico

Prepare em lâmina o material a ser analisado e coloque-a na platina. Ligue o microscópio para que a luz passe pela lâmina.

De acordo com o aumento desejado, escolha a lente objetiva, através da qual será possível ver a amostra. Depois, para melhorar a visualização da imagem, faça um ajuste com os botões macro e micrométrico.

- **Tubo de ensaio**
  Tubo de vidro utilizado para misturar ou armazenar substâncias durante e após os experimentos.

Tubos de ensaio.

- **Becker**
  Recipiente de vidro ou plástico transparente usado para misturar ou medir substâncias.

Becker.

- **Erlenmeyer**
  Recipiente de vidro ou plástico transparente de forma cônica utilizado para armazenar ou misturar substâncias. Seu formato evita que o líquido contido em seu interior espirre para fora.

Erlenmeyer.

- **Lupa**
  Serve para ampliar a imagem de objetos e seres visíveis a olho nu.

- **Lâmina**
  Pequeno retângulo fino de vidro em que são depositados e às vezes misturados os diversos materiais a serem visualizados em microscópio.

- **Lamínula**
  Utilizada em conjunto com as lâminas, a lamínula é um pequeno retângulo de vidro mais fino que a lâmina e é usado para cobrir os materiais a serem visualizados em microscópio.

Lâmina com lamínula.

- **Funil**
  Objeto utilizado para filtrar ou transferir substâncias entre recipientes.

- **Papel-filtro**
  Papel poroso apropriado para coar, filtrar ou separar substâncias.

- **Balança**
  Instrumento produzido para medir a massa dos corpos; pode ser eletrônica ou analógica.

- **Pinça**
  Instrumento útil para pegar objetos.

Regras de segurança para as atividades

Durante a realização de um experimento, é preciso usar alguns instrumentos ou materiais e substâncias que podem trazer riscos à saúde ou ao equilíbrio do ambiente.

Por isso, preste atenção nos símbolos que acompanham vários produtos de laboratório ou produtos que usamos no dia a dia. Mesmo que o experimento ou a observação seja simples e feito fora do laboratório, é necessário muito cuidado durante a realização para evitar acidente.

Regras de segurança

Mantenha-se afastado de fontes de aquecimento, de chamas e de **substâncias inflamáveis** – como álcool, gasolina e tintas –, porque elas podem causar queimaduras ou incêndios.

Não manuseie nem aspire **substâncias tóxicas** ou **venenosas**. Elas devem ser evitadas. São exemplos os pesticidas e o mercúrio dos termômetros. Quando tiver qualquer dúvida, peça ajuda ao professor.

Evite o contato com **substâncias corrosivas**, que podem irritar a pele, os olhos e destruir materiais como o tecido das roupas. Elas podem estar presentes em líquidos para o desentupimento de canos e para a limpeza de banheiros.

Evite ficar em locais em que haja substâncias cujas embalagens tenham símbolos como este, que identifica as **substâncias radioativas**.

Todos os dias corremos o risco de intoxicação com substâncias tóxicas comuns em ambientes do cotidiano, por isso tome cuidado com elas. Não inale (ou seja, nunca aspire profundamente) produtos como vapor de gasolina, fumaça negra, gás de cozinha, tinta, esmalte ou acetona; não leve à boca alimentos deteriorados, produtos de limpeza, inseticidas ou remédios não receitados por médico. Evite encostar em plantas venenosas ou aproximar-se de insetos ou animais peçonhentos, como cobra, escorpião e aranha.

Corpo humano e saúde

1. Movimentos do braço humano

Será que podemos mover o antebraço sem usar os músculos do braço? Construa um modelo para saber mais sobre isso.

Material:
- pedaço de papelão grosso;
- 1 parafuso com porca e 2 arruelas (ou colchetes de papel);
- 2 pedaços de barbante com 50 cm cada;
- tesoura sem ponta;
- lápis.

Como fazer

1. Peça a um colega que coloque o braço, o antebraço e a mão sobre o papelão; depois, contorne-os com um lápis.
2. Com cuidado, recorte os moldes (figura 1).
3. Peça a um adulto que faça dois furos na extremidade do modelo do braço que se liga ao ombro.
4. Peça também que faça dois furos no modelo do antebraço, na extremidade oposta à da mão (figura 2).
5. Posicione o modelo do antebraço sobre o do braço para simular a junção do cotovelo. Peça ao adulto que fure o centro da junção atravessando o braço e o antebraço.
6. Pegue o parafuso, coloque nele uma das arruelas, encaixe-o no buraco que atravessa o braço e o antebraço no modelo e prenda-o com a outra arruela e a porca (figura 3).
7. Passe um barbante em um furo lateral do antebraço e leve-o até o furo do braço. Faça nós na ponta do barbante para que ele não escape pelo furo (figura 4).
8. Faça o mesmo com os furos do outro lado do modelo.
9. Agora que seu modelo está pronto, segure-o pelo braço e puxe a extremidade do barbante ligada a essa parte. Observe o que acontece.

Figura 1.

Figura 2.

Figura 3.

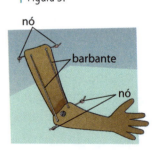
Figura 4.

Registro dos resultados e conclusão

Nome: _____
Turma: _____ Data: _____/_____/_____

1. O modelo que você criou representa o movimento de quais estruturas? Relacione os materiais com as estruturas do corpo.
_____
_____
_____
_____

2. O que aconteceu quando os barbantes foram puxados? Como você explicaria esse fenômeno?
_____
_____
_____

3. Após a realização do experimento, você constatou sua hipótese? Houve alguma descoberta que a modificou? Explique.
_____
_____
_____

4. Escreva um texto que explique o funcionamento dessas estruturas em conjunto, como o que foi observado na atividade.
_____
_____
_____
_____
_____

5. Converse com os colegas sobre suas hipóteses e observações e sobre como vocês explicaram o fenômeno observado. Veja se existem muitas diferenças entre essas explicações e como as ideias deles podem acrescentar algo às suas.

2. Testando a força dos músculos

Os músculos são estruturas essenciais para nosso organismo. Eles têm papel determinante na movimentação, estrutura e modelagem do corpo, bem como na atividade dos órgãos.

Você já testou o quanto nossos músculos podem ser fortes? Qual é sua opinião em relação à força e à função deles nas atividades físicas e cotidianas, como levantar ou empurrar um objeto? Anote suas hipóteses e ideias em relação a essas situações e a outras nas quais os músculos estão envolvidos.

Material:
- balança doméstica;
- papel pardo;
- giz de cera;
- régua;
- lápis.

Como fazer
1. Dividam-se em grupos de 3 alunos.
2. Cada aluno do grupo deve pegar a balança e empurrá-la contra a parede com as duas mãos. Anotem na página a seguir os resultados indicados na balança.
3. Repitam o mesmo processo, mas agora cada aluno deve se sentar no chão e empurrar a balança com os pés. Anotem os resultados.

4. Após todos realizarem a ação, peguem o papel pardo e façam um quadro com o nome de cada aluno e os valores medidos na balança quando o experimento foi feito com os braços e quando foi feito com as pernas.
5. Fixem o quadro na parede da sala de aula.

Registro dos resultados e conclusão

Nome: _____

Turma: _____ Data: _____/_____/_____

1 Escreva no quadro seu nome e o dos colegas do grupo e os valores obtidos por vocês.

Nome	Força com os braços (em kg)	Força com as pernas (em kg)

2 Qual dos movimentos obteve os maiores valores marcados na balança? Por que você acha que ocorreu essa diferença entre os valores?

_____
_____
_____

3 O que esses valores significam? Explique.

_____
_____
_____

4 Explique em um pequeno texto o papel dos músculos nesse experimento.

_____
_____
_____
_____

5 Comparando no quadro da turma os valores obtidos pelos colegas, houve grandes diferenças entre eles? Por que você acha que isso ocorre?

_____
_____
_____

3. Montando um modelo de sistema urinário

O sistema urinário é muito importante para a remoção de substâncias indesejáveis ou que estejam em excesso em nosso organismo.

Você conhece todas as etapas e órgãos envolvidos na formação da urina? Anote sua hipótese de como funciona esse processo.

Material:

- 2 filtros de papel para café;
- funil;
- 2 pedaços de mangueira transparente de 20 cm;
- massa de modelar;
- 2 garrafas plásticas transparentes de 500 mL;
- caixa de papelão;
- fita adesiva;
- água;
- borra de café;
- tesoura sem ponta;
- bacia ou recipiente de plástico.

Como fazer

1. Peça ao professor que corte as duas garrafas pela metade.

2. Ligue cada pedaço de mangueira ao gargalo de uma garrafa utilizando a massa de modelar. Tome cuidado para não entupir a abertura da mangueira e pressione bem a massa de modelar para que não ocorram vazamentos entre a mangueira e a garrafa (figura 1).

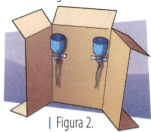
| Figura 1.

3. Abra a caixa de papelão e cole as duas garrafas lado a lado com a fita adesiva (figura 2).

| Figura 2.

4. Também com a fita adesiva fixe o funil na caixa de papelão logo abaixo das garrafas, entre elas, e depois coloque a extremidade das mangueiras dentro do funil (figura 3).

5. Com cuidado, posicione um filtro de papel dentro de cada garrafa.

6. Misture um pouco de borra de café em um copo com água.

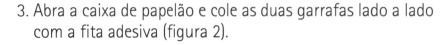
| Figura 3.

7. Coloque a bacia embaixo do funil e depois despeje lentamente um pouco da mistura no interior de cada filtro inserido nas garrafas (figura 4).

8. Observe as diferenças entre as características da mistura colocada nas garrafas e da mistura coletada na bacia.

| Figura 4.

Registro dos resultados e conclusão

Nome: _____
Turma: _____ Data: _____/_____/_____

1 Explique quais órgãos do sistema urinário são representados pelas garrafas, pelas mangueiras e pelo funil.

_____
_____
_____

2 Houve mudança na coloração da mistura antes e depois de passar pelo modelo? Por que isso ocorreu?

_____
_____
_____
_____
_____
_____
_____

3 Retire os filtros de café do interior da garrafa e repita o experimento. Qual diferença você observou na coloração da mistura antes e depois de passar pelo modelo?

_____
_____
_____
_____
_____

4 Quais órgãos do sistema urinário são os principais responsáveis pela filtração do sangue?

_____

5 Converse com os colegas sobre as hipóteses que vocês levantaram e as conclusões a que chegaram após a montagem do modelo.

4. Simulando a digestão

A digestão é um processo formado por várias etapas, com finalidades diferentes. Ela transforma tudo aquilo que ingerimos, "quebrando" as substâncias em partes menores, que serão posteriormente absorvidas pelo organismo e utilizadas para as atividades vitais. Neste experimento, vamos simular de modo simples o processo de digestão.

Material:

- pão de forma (duas fatias por grupo de alunos);
- água;
- copo plástico;
- saco plástico transparente;
- barbante.

Como fazer

1. Pique com as mãos cada fatia de pão em pedaços pequenos.
2. Coloque os pedaços de pão no saco plástico.
3. Em seguida preencha o saco plástico com água até cobrir o conteúdo.
4. Feche o saco plástico com um nó ou com o auxílio do barbante.
5. Misture o conteúdo apertando-o com os dedos até que os pedaços de pão fiquem bem reduzidos.

6. Faça uma pequena abertura no saco plástico e deixe escorrer a parte líquida no interior de um copo plástico, tomando cuidado para que os sólidos permaneçam no interior do saco.
7. Pressione levemente o saco até sair todo o líquido e observe a consistência do material ali restante.

Registro dos resultados e conclusão

Nome: _____
Turma: _____ Data: _____ / _____ / _____

1 Preencha o quadro abaixo com o nome dos órgãos do sistema digestório responsáveis por cada etapa representada no experimento.

Etapa do experimento	Órgãos da digestão
Repartir o pão	
Pressionar o saco plástico com água	
Escorrer a mistura no copo plástico	
Manter no saco plástico o resíduo sólido	

2 Com base nos resultados obtidos, explique a importância de cada etapa no processo de digestão dos alimentos.

_____
_____
_____

3 Se o pão fosse colocado inteiro no saco plástico, o que aconteceria? Seria mais fácil ou mais difícil para nosso corpo, de acordo com esse modelo construído, absorver seus nutrientes?

_____
_____
_____

4 Se o conteúdo do saco plástico não fosse misturado com os dedos, o que ocorreria?

_____
_____
_____

5 Converse com os colegas sobre os fenômenos observados no experimento, os resultados dele e a importância de cada etapa no processo de digestão dos alimentos.

15

5. Importância das vilosidades do intestino

No intestino delgado ocorre a absorção da grande maioria dos nutrientes. Esse intestino apresenta vilosidades, que são numerosas dobras pequenas. Você acha que essas dobras podem auxiliar na absorção dos nutrientes? Por que isso ocorre?

Material:
- 2 béqueres de 1 L ou 2 garrafas PET de 2 L cortadas 15 cm acima da base;
- 2 garrafas PET de 500 mL;
- 2 L de água filtrada, aproximadamente;
- papel-filtro;
- régua;
- corante de alimentos;
- bastão de vidro ou de madeira ou um lápis;
- grampeador.

Como fazer

1. Recorte os fundos das garrafas PET de 500 mL a 2,5 cm acima da base, formando dois suportes.
2. Recorte de uma dessas garrafas um anel de plástico com 1 cm de largura.
3. Recorte um retângulo de papel-filtro com 10 cm de largura e 19 cm de comprimento; enrole a tira, ajuste-a no suporte de plástico e grampeie as duas pontas.
4. Recorte outra tira de papel-filtro com 10 cm de largura e 38 cm de comprimento e dobre-a em intervalos de mais ou menos 1 cm. Depois ajuste-a no suporte de plástico e grampeie-a, e coloque o anel de plástico na parte superior desse cilindro.
5. Coloque cada cilindro de papel dentro de um béquer, mantendo o suporte na parte de baixo.
6. Coloque água nos béqueres devagar, para não derrubar ou dobrar os cilindros, até chegar a 1 cm das bordas superiores, cuidando para não encobri-las.
7. Pingue 50 gotas de corante de alimento no centro de cada cilindro.
8. Com o bastão, misture o corante dentro dos cilindros, tomando cuidado para que ele não saia pelo fundo.
9. Observe se haverá dispersão (espalhamento) do corante na água em volta do cilindro após 15 min e após 30 min e preencha o quadro a seguir.

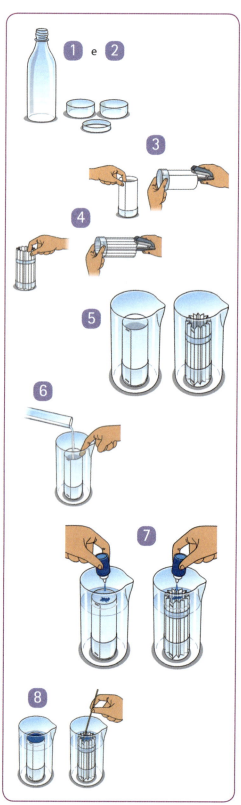

16

Registro dos resultados e conclusão

Nome: _____
Turma: _____ Data: _____/_____/_____

1 O que você observou após 15 min? E após 30 min? Responda às questões no quadro.

	Cilindro de papel liso	Cilindro de papel dobrado
Após 15 min		
Após 30 min		

2 Você obteve resultados iguais ou diferentes para os dois cilindros?
_____
_____
_____

3 Se encontrou diferença, como você a explica?
_____
_____

4 Que relação pode ser estabelecida entre o papel-filtro e a membrana do intestino?
_____
_____
_____

5 Como você relaciona esse experimento com a eficiência na absorção de nutrientes pelo intestino delgado?
_____
_____
_____

Vida e ambiente

6. Metamorfose

As moscas são insetos frequentes em nosso cotidiano. Como você acha que é o ciclo de vida delas? Acha que o filhote é parecido com a mosca adulta?

Anote suas hipóteses antes de realizar o experimento a seguir, em que iremos verificar a reprodução e o ciclo de vida das moscas.

Material:
- pote transparente vazio de boca larga;
- gaze;
- elástico;
- banana madura com casca;
- faca sem ponta;
- lupa;
- etiquetas;
- lápis.

Como fazer

1. Peça a um adulto que corte as bananas, ainda com casca, em rodelas.
2. Coloque as rodelas de banana no pote transparente e o deixe destampado até entrarem moscas.
3. Quando elas estiverem no pote, cubra-o com a gaze e prenda-a com o elástico.
4. Anote na etiqueta o dia que você colocou a gaze e fixe-a no pote.
5. Com auxílio da lupa observe diariamente o pote, por 10 dias.
6. Anote todas as suas observações e a data no quadro da página seguinte.

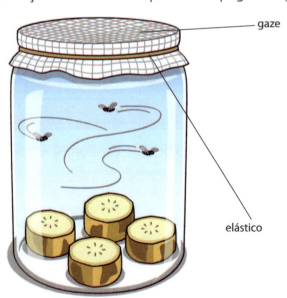

18

Registro dos resultados e conclusão

Nome: _____
Turma: _____ Data: _____/_____/_____

1 Anote no quadro abaixo as observações feitas em cada dia do experimento.

Data	Observações

2 Além das moscas capturadas, apareceram outros seres vivos dentro do pote? Que relação esses seres têm com as moscas que já estavam lá?
_____
_____

3 Quais etapas do ciclo de vida da mosca podem ser observadas? Descreva-as em um breve texto.
_____
_____
_____

4 Segundo suas observações, o filhote de mosca é parecido com a mosca adulta? Fale sobre as semelhanças e as diferenças entre eles.
_____
_____
_____

5 Suas hipóteses estão de acordo com os resultados? Converse com os colegas e compare os resultados e hipóteses deles com os seus.

7. Como as plantas absorvem água?

Apesar de conseguirem produzir o próprio alimento por meio da fotossíntese, para sobreviver as plantas ainda precisam obter outras substâncias diretamente do ambiente, por exemplo, a água.

Como você acha que as plantas conseguem retirar água do ambiente? Será que a temperatura alta e o Sol podem deixar a planta com mais "sede"?

Converse com os colegas e anote as respostas para compará-las com os resultados do experimento.

Material:

- flor com pétalas brancas;
- copo plástico transparente;
- bacia;
- água;
- corante alimentício;
- tesoura sem ponta.

Como fazer

1. Misture o corante no copo com água até obter uma coloração bem escura.
2. Corte com cuidado o caule da flor alguns centímetros acima de sua extremidade, em diagonal. Faça o corte com o caule mergulhado em uma bacia com água limpa, para que nenhuma bolha de ar entre em seu interior (figura 1).
3. Assim que terminar o corte, coloque imediatamente a flor no recipiente com a água colorida (figura 2).

Figura 1.

Figura 2.

4. Mantenha metade dos copos dos alunos da sala com as flores em local bem escuro, protegidos da luz, e exponha os outros ao Sol por no mínimo 4 horas.
5. Após esse tempo analise a coloração das flores e registre as mudanças observadas.

Registro dos resultados e conclusão

Nome: _____
Turma: _____ Data: _____/_____/_____

1 Faça um desenho de como ficaram suas flores após o experimento.

2 Por que você acha que aconteceu isso?
_____
_____
_____
_____

3 Comparando as flores que ficaram expostas ao Sol com aquelas deixadas em local protegido, quais levaram menos tempo para ficar coloridas?
_____
_____
_____

4 Por que você acha que isso aconteceu?
_____
_____
_____

8. Solo e importância das plantas

O solo pode sofrer degradação em consequência de processos naturais ou causados pelo ser humano. Será que as plantas podem contribuir para proteger o solo da erosão? Levante hipóteses e anote-as antes de fazer este experimento.

Material:

- 6 garrafas PET transparentes;
- terra;
- alpiste;
- resíduos vegetais (galhos, cascas de frutas e vegetais, folhas, raízes mortas);
- água;
- regador;
- tesoura sem ponta;
- fita adesiva;
- mesa ou placa de madeira;
- barbante.

Como fazer

1. Peça a um adulto que corte três garrafas PET de forma idêntica, fazendo uma abertura lateral ao longo delas, conforme mostrado na imagem (figura 1).
2. Coloque a mesma quantidade de terra em cada garrafa e pressione-a para que fique relativamente compactada.
3. Plante sementes de alpiste na primeira garrafa, regando logo em seguida. Exponha a garrafa à luz solar, cuidando do plantio até que as plantas fiquem bem desenvolvidas.
4. Coloque na segunda garrafa alguns resíduos vegetais.
5. Na terceira garrafa, deixe apenas a terra.
6. Coloque-as em uma superfície plana (você pode fixá-las com a fita adesiva na placa de madeira ou na mesa). A "boca" das três garrafas deve ultrapassar um pouco os limites da tábua.
7. Peça a um adulto que corte a parte inferior de outras três garrafas PET e faça dois furos em suas laterais. Amarre um pedaço de barbante em cada lado e pendure as garrafas cortadas na boca das garrafas com terra, conforme mostra a imagem (figura 2).
8. Quando a planta da primeira garrafa estiver desenvolvida, regue as três garrafas como se estivesse chovendo e passe a observar o escoamento da água para os recipientes pendurados.
9. Observe as diferenças entre a água acumulada em cada recipiente e levante hipóteses sobre a influência do conteúdo da garrafa no aspecto da água acumulada.

| Figura 1.

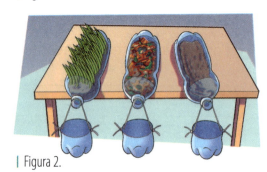
| Figura 2.

Registro dos resultados e conclusão

Nome: _____
Turma: _____ Data: _____/_____/_____

1 Qual é a principal diferença entre as coberturas de solo das três garrafas?
_____
_____
_____
_____

2 Escreva um pequeno texto sobre as diferenças entre as águas que saíram de cada garrafa após a "chuva".
_____
_____
_____
_____

3 Se o solo das garrafas 1 e 2 não estão expostos, explique a diferença observada entre a água coletada da garrafa com alpiste (vegetais vivos) e a água coletada da garrafa com os restos de vegetais mortos.
_____
_____
_____
_____

4 Como ficou o recipiente de coleta da garrafa 3 após o experimento? Se fosse um rio, como isso poderia influenciar em sua estrutura?
_____
_____
_____
_____
_____
_____

9. Simulando o efeito estufa

A atmosfera, camada de ar que circunda a Terra, é composta de diversos gases e partículas. Ela é um dos fatores que tornam possível a vida no planeta, pois é responsável pelo efeito estufa.

Levante hipóteses para explicar a influência do Sol e da atmosfera no efeito estufa.

Material:
- garrafa PET de 1 L ou mais;
- água;
- 2 copos de plástico;
- tesoura.

Como fazer
1. Peça a um adulto que corte a garrafa uns 15 cm abaixo da tampa. Será usada a parte de cima dela.
2. Esta atividade deve ser feita de dia em um local aberto, que receba luz direta do Sol. Escolha um local no pátio da escola ou no quintal de casa em que o material possa ser depositado sob sol intenso.
3. Encha os dois copos com água. Coloque-os no local escolhido.
4. Coloque a parte superior da garrafa em volta de um dos copos, cobrindo-o.
5. Deixe-os expostos ao Sol durante cerca de duas horas.
6. Observe como ficou a garrafa. Retire-a e sinta a temperatura da água em ambos os copos utilizando os dedos indicadores.

Registro dos resultados e conclusão

Nome: _____
Turma: _____ Data: _____/_____/_____

1 O que aconteceu com a garrafa após o experimento?
_____
_____
_____

2 A temperatura da água dos dois copos estava diferente? Se respondeu que sim, explique por que isso ocorreu.
_____
_____
_____
_____

3 Na Terra há um fenômeno que tem o mesmo princípio que este experimento. Qual é o nome dele e como ele funciona?
_____
_____
_____
_____

4 Esse fenômeno é importante para a Terra, mas com a industrialização e emissão de gases ele é intensificado. Escreva um pequeno texto que explique como isso pode afetar as temperaturas e a vida na Terra.
_____
_____
_____
_____
_____
_____

Universo e tecnologia

10. Conhecendo um microscópio

O microscópio é um instrumento que nos possibilita enxergar coisas muito pequenas, que não poderiam ser vistas em detalhes a olho nu, ou seja, sem o auxílio de um instrumento. Como será um fio de cabelo visto ao microscópio? E o bolor do pão?

Material:
- microscópio;
- lâminas e lamínulas;
- pinça;
- conta-gotas;
- água;
- toalhas de papel;
- pedaço de pão embolorado;
- fio de cabelo.

Como fazer

1. As lâminas com os materiais a serem observados serão preparadas pelo professor. Observe com atenção os passos desse preparo.
2. O professor cortará a ponta de um fio de cabelo de um aluno voluntário; esse fragmento de cabelo deve ter cerca de 1 cm de comprimento.
3. Pegue o cabelo com a ajuda de uma pinça e coloque-o sobre uma lâmina, pingando sobre ele uma ou duas gotas de água.
4. Cubra essa lâmina com uma lamínula e aperte-a suavemente.
5. Tire o excesso de água com toalhas de papel.
6. Observe esse conjunto com a ajuda do microscópio.

7. Agora o professor retirará, com a pinça, uma pequena porção de pão com bolo e a colocará sobre uma lâmina.
8. Pingue sobre o pão uma ou duas gotas de água.
9. Cubra essa lâmina com uma lamínula e aperte-a suavemente.
10. Tire o excesso de água com toalha de papel.
11. Observe esse conjunto com a ajuda do microscópio.

Registro dos resultados e conclusão

Nome: _____
Turma: _____ Data: _____/_____/_____

1 Desenhe o que você viu em cada lâmina.

Fio de cabelo	Bolor

2 Você já tinha usado um microscópio antes? Se sim, em que situação?
_____
_____

3 Para que serve o microscópio?
_____
_____

4 As imagens que você viu no microscópio correspondem ao que você havia imaginado que veria? Explique sua resposta.
_____
_____

11. A matéria ocupa espaço

Neste experimento vamos comprovar uma das propriedades da matéria.

O que ocorre com o volume de água de um recipiente quando acrescentamos uma pedra a esse recipiente?

Será que a pedra e a água podem ocupar o mesmo espaço?

Anote suas hipóteses e faça o experimento a seguir.

Material:

- jarra, béquer ou outro recipiente transparente;
- régua;
- fita adesiva;
- água;
- pedra.

Como fazer

1. Com a fita adesiva prenda a régua do lado de fora da jarra.
2. Coloque água na jarra.
3. Utilizando a escala da régua, meça a altura (o nível) da coluna de água dentro jarra. Anote essa medida.

4. Coloque a pedra dentro da jarra.
5. Utilize de novo a escala da régua, agora para medir o nível da água depois que a pedra foi colocada na jarra.

Registro dos resultados e conclusão

Nome: _____
Turma: _____ Data: _____/_____/_____

1 Faça um desenho de como ficou o material montado inicialmente, ou seja, a montagem da jarra com água e a régua presa a ela. Em seguida desenhe novamente o material depois de ter sido acrescentada a pedra.

Montagem inicial	Montagem final

2 Segundo a graduação da régua, houve diferença no nível de água? Quais foram os valores inicial e final, medidos em centímetros?
_____
_____

3 Que propriedade da matéria esse experimento comprova?
_____
_____
_____

4 Os resultados obtidos estão de acordo com sua hipótese inicial sobre o que ocorreria com o volume de água após ser colocada a pedra? Comente sua resposta.

12. Flutua ou afunda?

Os materiais têm diversas características, como cor, cheiro e brilho. Outra propriedade é a capacidade de flutuar ou afundar quando colocados em água.

Os materiais abaixo listados flutuam ou afundam na água? Por que isso ocorre?

Material:

- bacia grande transparente;
- água;
- copinho plástico;
- giz de cera;
- lápis;
- rolha de cortiça;
- isopor;
- borracha;
- pedra;
- clipe;
- moeda;
- algodão;
- embalagem de bala esticada.

Como fazer

1. Forme um grupo com seus colegas.
2. Encham a bacia com água.
3. Espalhem os objetos pela mesa; vocês podem usar outros objetos além dos listados acima.
4. Peguem um objeto por vez (exceto o copinho, que só entrará na parte final do experimento) e o coloquem cuidadosamente na bacia.

5. Observem o que ocorre e registrem o resultado no quadro da página seguinte.
6. Repitam o procedimento colocando cada objeto dentro do copo plástico antes de colocá-lo na água.

Registro dos resultados e conclusão

Nome: _____
Turma: _____ Data: _____/_____/_____

1 Preencha o quadro a seguir com os resultados obtidos.

Material	Flutua	Afunda
giz de cera		
lápis		
rolha de cortiça		
isopor		
borracha		
pedra		
clipe		
moeda		
algodão		
embalagem de bala esticada		

2 Houve alguma diferença entre o comportamento de cada material ao ser colocado diretamente na água ou ao ser colocado na água dentro do copinho? Explique por que isso aconteceu.

_____
_____
_____

3 Por que certos materiais afundam e outros flutuam? Escreva um texto que explique esse fenômeno.

_____
_____
_____
_____
_____
_____

4 Os resultados confirmaram suas hipóteses iniciais? Comente alguns casos com os colegas.

31

13. Um líquido flutua sobre outro?

Já sabemos que alguns sólidos flutuam e outros afundam quando colocados na água. E com os líquidos, isso também ocorre?

O mel e o óleo, por exemplo, são dissolvidos na água, flutuam sobre sua superfície ou afundam, permanecendo embaixo da camada de água?

Material:

- frasco de vidro transparente e alto ou um béquer;
- copo plástico;
- corante alimentício ou guache de cores variadas;
- óleo de cozinha;
- mel;
- água;
- pedaço (fatia) de vela;
- bola de gude;
- rolha de cortiça;
- moeda.

Como fazer

1. Coloque no copo com água algumas gotas de corante e mexa bem.

2. No frasco, coloque primeiro o mel, com cuidado para não sujar a parede interna.
3. Em seguida, acrescente a água colorida devagar, inclinando um pouco o frasco para que escorra suavemente pela parede interna.
4. Depois, coloque o óleo seguindo o mesmo procedimento.
5. Em seguida, acrescente os outros materiais (rolha, vela, moeda e bola de gude), um de cada vez, a fim de observar o que ocorre.
6. Vá registrando tudo o que observar, camada após camada.
7. Procure explicar os fenômenos observados.

Registro dos resultados e conclusão

Nome: _____
Turma: _____ Data: _____/_____/_____

1 Desenhe o frasco ao final do experimento indicando a posição de cada camada de líquido.

2 Como você explica a posição de cada líquido em relação aos demais no interior do frasco? Qual característica da matéria explica isso?

_____
_____
_____
_____

3 Com relação aos objetos sólidos inseridos na mistura, em qual camada de líquido ficaram parados? Explique.

_____
_____
_____

4 Compare os resultados obtidos no experimento com as suas hipóteses. Você acertou o que ocorre para alguns dos materiais? Comente com os colegas.

14. Separando misturas

Algumas misturas ou soluções de substâncias podem ter seus componentes facilmente separados por meio do uso de técnicas apropriadas.

Você se lembra de alguma dessas misturas? Como podemos separar seus componentes?

Material:

- meio copo de água;
- 1 colher de sopa de sal;
- 4 ou 5 clipes de metal;
- 2 xícaras de chá de papel picado em pedaços bem pequenos;
- 2 xícaras de chá de areia;
- 1 xícara de chá de pedrinhas bem pequenas, por exemplo, aquelas usadas em aquário;
- ímã médio ou grande;
- colher;
- peneira grossa;
- prato de plástico;
- 2 tigelas ou bacias pequenas de plástico.

Como fazer

1. Forme grupo com seus colegas.
2. Misturem, em uma bacia, os clipes e os pedaços de papel picado.
3. Observem a mistura e pensem em qual seria a maneira de separá-la mais rapidamente. Anotem suas hipóteses no caderno.
4. Passem o ímã lentamente pela mistura e vejam o que acontece.
5. Na outra bacia misturem a areia e as pedrinhas.
6. Reflitam sobre qual seria a melhor maneira de separar essa mistura e anotem no caderno.
7. Passem a mistura pela peneira e vejam o que acontece.
8. Misturem o sal na água, mexendo com a colher até o sal se dissolver.
9. Observem a mistura e pensem em como ela poderia ser separada. Anotem suas hipóteses no caderno.
10. Despejem o conteúdo do copo no prato de plástico e deixem-no em local arejado e protegido da chuva por dois dias. Observe o resultado.

Registro dos resultados e conclusão

Nome: _____
Turma: _____ Data: _____/_____/_____

1 O que aconteceu com a mistura de clipes e papel picado depois que você passou o ímã em cima dela? Explique esse fenômeno.

_____
_____
_____

2 O que ocorreu quando você passou a mistura de areia e pedrinhas pela peneira?

_____
_____
_____
_____

3 O que você encontrou no prato dois dias depois de deixá-lo reservado? O que aconteceu com o outro componente da mistura?

_____
_____
_____

4 Seria eficiente usar a peneira para separar o sal da água? E o ímã para separar as pedrinhas da areia? Por quê?

_____
_____
_____
_____

5 Tente atrair corpos pequenos de diversos materiais com seu ímã. Depois, responda: Sempre é possível usar um ímã para separar a mistura de dois componentes metálicos?

_____
_____
_____

15. Simulando um *air bag*

O *air bag* é um item de segurança de veículos e assim como o cinto de segurança visa proteger o motorista e os passageiros em caso de acidente.

Quando o veículo sofre um grande impacto, sensores acionam o *air bag* e uma espécie de balão de ar muito resistente é inflado rapidamente, evitando que motorista e passageiros colidam diretamente com o painel de controle ou com as portas do automóvel. Como será que isso ocorre? Que processo faz o balão inflar?

Este experimento utiliza substâncias de uso comum no dia a dia para simular o que ocorre quando o *air bag* se infla.

Material:
- 2 garrafas PET ou 2 erlenmeyers de 500 mL;
- 2 balões de festa;
- funil de plástico;
- 3 colheres de sopa de bicarbonato de sódio (cheias);
- 500 mL de vinagre.

Como fazer
1. Coloque 250 mL de vinagre em cada garrafa.
2. Com o auxílio do funil, coloque uma colher de sopa de bicarbonato de sódio dentro de um dos balões e duas colheres no outro.
3. Prenda bem um balão na boca de cada recipiente, mantendo o bojo do lado de fora, caído, para não derramar o bicarbonato de sódio dentro da garrafa (figura 1).
4. Para dar início à reação, erga os balões ao mesmo tempo e balance-os para que o bicarbonato caia dentro das garrafas e entre em contato com o vinagre (figura 2).

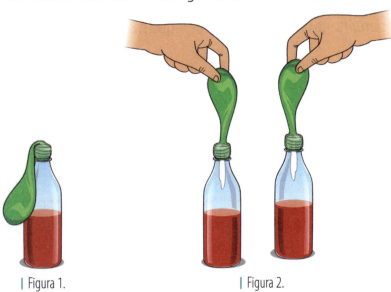

| Figura 1. | Figura 2.

5. Observe o que ocorre.

Registro dos resultados e conclusão

Nome: _____
Turma: _____ Data: _____/_____/_____

1 O que aconteceu quando o bicarbonato entrou em contato com o vinagre? Explique.
_____
_____
_____
_____

2 Na reação química observada nesse experimento, há a liberação de gás carbônico. Embora ele não tenha cor ou odor, como sua presença pode ser observada? Explique.
_____
_____
_____
_____
_____

3 Por que esse experimento simula o funcionamento do *air bag* de um veículo?
_____
_____
_____
_____
_____
_____

4 Compare o resultado da reação ocorrida na garrafa em que foi colocado mais bicarbonato com aquele ocorrido na garrafa em que foi colocado menos bicarbonato. O que você conclui?
_____
_____
_____
_____

16. Mudanças de estado físico da água

Em nosso cotidiano, observamos que os diversos materiais se apresentam em três estados físicos: sólido, líquido e gasoso. De acordo com suas características e com a alteração da temperatura, um material pode ter seu estado físico mudado.

Uma substância com a qual costumamos lidar nesses três estados físicos é a água. Mas será que a mudança do estado físico da água ocorre de uma só vez ou aos poucos?

Anote suas hipóteses e faça o experimento a seguir.

Material:
- meio litro de óleo de cozinha;
- meio litro de água;
- garrafa PET transparente de 2 L ou 1,5 L;
- tesoura sem ponta;
- 2 copos descartáveis pequenos;
- 2 corantes alimentícios de cores diferentes;
- colher de café.

Como fazer
1. Pingue cinco gotas de cada corante em um copo diferente.
2. Encha os copos com água e misture bem com a colher.
3. Coloque os copos no congelador.
4. Peça a ajuda de um adulto para cortar a garrafa PET a cerca de 10 cm abaixo da tampa.
5. Coloque o óleo na garrafa.
6. Quando a água dos copos estiver bem congelada, retire-os do congelador.
7. Retire os gelos dos copos e coloque-os na garrafa; eles ficarão boiando no óleo, que é mais denso que a água.
8. Espere alguns minutos e observe o que acontece.
9. Descarte o óleo adequadamente. Para isso, procure conhecer os postos de coleta de resíduos de seu bairro ou cidade.

Registro dos resultados e conclusão

Nome: _____

Turma: _____ Data: _____/_____/_____

1. Em qual estado físico a água estava:

    a) quando você a colocou nos copos? _____

    b) quando você retirou os copos do congelador? _____

    c) depois do término do experimento? _____

2. Escreva um texto que explique como ocorreram as mudanças de estado físico observadas nesse experimento.

    _____
    _____
    _____
    _____
    _____

3. Essas mudanças de fase ocorreram de maneira lenta ou rápida?

    _____

4. Desenhe como ficou seu experimento após o término da mudança de estado físico.

5. Qual foi a importância da utilização do corante no experimento? Explique.

    _____

17. Dissolução de sal na água

O que você acha que acontece se adicionarmos água, aos poucos, a uma mistura de água e sal? Ela continuará igual ou apresentará diferenças?

Anote suas hipóteses antes de fazer o experimento a seguir.

Material:

- jarra de plástico;
- garrafa ou outro recipiente com cerca de 1,5 L de água potável;
- 6 copos plásticos;
- colher de sopa;
- etiquetas;
- caneta hidrocor;
- sal.

Como fazer

1. Numere as etiquetas de 1 a 5 e cole-as nos copos; um deles ficará sem etiqueta.
2. Coloque dois copos de água na jarra vazia. Para isso utilize o copo que está sem etiqueta.
3. Despeje uma colher de sal na jarra. Mexa bem até dissolver o sal completamente.
4. Encha o copo 1 com a mistura feita.
5. Coloque mais um copo de água na jarra. Mexa bem. Encha o copo 2 com essa nova mistura.
6. Coloque mais um copo de água na mistura anterior e mexa bem. Encha o copo 3. Repita esse mesmo processo para os copos 4 e 5.
7. Leve à boca cada uma das misturas, apenas para sentir o gosto, sem tomar a água. Comece pela mistura 5 e termine na mistura 1.

ATENÇÃO, NÃO ENGULA A SUBSTÂNCIA; APENAS SINTA SEU GOSTO. DESCARTE-A EM LOCAL APROPRIADO.

Registro dos resultados e conclusão

Nome: _____

Turma: _____ Data: _____/_____/_____

1 O que aconteceu com o sal após ser adicionado à água e misturado?
_____
_____
_____

2 Qual propriedade da água é responsável por isso?
_____
_____
_____

3 Qual copo tinha o gosto mais salgado? Explique por quê.
_____
_____
_____
_____

4 Com base nos resultados explique, em um pequeno texto, o que foi acontecendo conforme você adicionava água à mistura.
_____
_____
_____
_____
_____

5 Agora que você tem os resultados, compare-os com sua hipótese. Quais são as semelhanças e diferenças entre eles?
_____
_____
_____

18. Expondo a água ao Sol

Existem diversos fatores que interagem com o ambiente, causando mudanças em suas condições. Dentre eles, podemos destacar o vento, a chuva e o calor.

Reflita e responda: O que pode acontecer se deixarmos uma mistura de água com corante exposta ao Sol por algumas horas?

Levante hipóteses e anote-as.

Material:

- bacia de plástico pequena;
- garrafa PET de 2 L;
- plástico transparente fino, tipo PVC;
- água;
- barbante, fita ou elástico com comprimento maior que a circunferência da boca da bacia;
- corante alimentício ou pó para suco ou gelatina;
- pedra de tamanho médio;
- colher;
- caneta hidrocor;
- tesoura sem ponta.

Como fazer

1. Peça a um adulto que corte o fundo da garrafa PET para você (ver figura 1), deixando-o com cerca de 5 cm de altura.
2. Coloque cerca de 3 cm de água na bacia.
3. Acrescente à água da bacia algumas gotas de corante e, com a colher, misture bem, até a água ficar bem colorida.
4. Coloque no centro da bacia a garrafa PET cortada.
5. Cubra a vasilha com o plástico, mas sem esticá-lo. Com o barbante, amarre-o em volta da vasilha, deixando o conjunto bem vedado.
6. Coloque a pedra no centro do plástico, bem acima da garrafa PET cortada.

| Figura 1.

7. Marque com a canetinha a altura da água na bacia.
8. Coloque a vasilha em um local que tenha contato direto com a luz do Sol e deixe por cerca de quatro horas. Cuide para que a garrafa que está no centro da bacia não se movimente.
9. Marque novamente a altura da água na bacia.
10. Observe como ficou o plástico após a exposição ao Sol. Anote suas observações.
11. Retire cuidadosamente o plástico e observe o nível da água da bacia e se há algum conteúdo na garrafa PET.

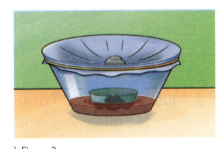

| Figura 2.

Registro dos resultados e conclusão

Nome: _____

Turma: _____ Data: _____ / _____ / _____

1 Escreva um texto sobre o que aconteceu com a água presente na bacia. Houve alteração do nível? No final do experimento, o que havia na garrafa cortada?

_____
_____
_____
_____
_____
_____

2 Relacione os resultados do experimento com o ciclo da água.

_____
_____
_____
_____
_____

3 Explique o que aconteceu com o corante.

_____
_____
_____
_____

4 Qual relação você pode fazer entre o que ocorreu com o corante e o que acontece com a água poluída dos rios no ciclo da água?

_____
_____
_____

5 Qual foi o papel da pedra no experimento?

_____
_____
_____
_____

19. Tratamento da água

Como você acha que é feito o processo de tratamento da água para o consumo humano? Liste algumas hipóteses.

Material:
- 6 garrafas PET de 2 L transparentes;
- peneira fina;
- peneira grossa;
- terra;
- areia;
- pequenas pedras ou brita;
- cascas de frutas e verduras picadas;
- papel picado;
- água;
- detergente;
- etiqueta;
- caneta hidrocor;
- colher;
- óleo de cozinha;
- tesoura sem ponta.

Como fazer

1. Peça a um adulto que corte as garrafas, deixando-as com cerca de 15 cm de altura.
2. Numere as garrafas de 1 a 6.
3. Nas garrafas 1 e 2 coloque duas colheres de areia, uma de terra, uma de pedras, três gotas de detergente, um fio de óleo, duas colheres de cascas e uma de papel picado. Acrescente água e mexa bem (figura 1).
4. Deixe a garrafa 1 reservada. Pegue a garrafa 3, coloque a peneira grossa em cima dela e transfira todo o conteúdo da garrafa 2 para a garrafa 3 (figura 2).
5. Coloque a peneira fina na garrafa 4 e despeje o conteúdo da garrafa 3. Deixe a mistura peneirada em repouso por cerca de dois minutos e observe o que aconteceu.
6. Depois despeje cuidadosamente o conteúdo da garrafa 4 na garrafa 5. Transfira apenas a parte líquida, deixando a parte sólida no fundo.
7. Deixe descansar por dez minutos e observe o que acontece.
8. Despeje cuidadosamente o conteúdo líquido da garrafa 5 na garrafa 6.
9. Pegue a garrafa 1, mexa bem, coloque-a ao lado das outras e observe as diferenças.

Figura 1.

Figura 2.

Registro dos resultados e conclusão

Nome: _____
Turma: _____ Data: _____/_____/_____

1 Preencha a tabela a seguir com as características das misturas de cada garrafa. Descreva quais substâncias são visíveis em cada uma delas, a coloração, se há conteúdo no fundo ou não e todas as suas observações. No caso das amostras que ficaram descansando, anote as observações após o tempo de descanso.

Garrafa	Características
1	
2	
3	
4	
5	
6	

2 O que aconteceu quando você passou as misturas pela peneira grossa? Quais componentes ficaram retidos e quais atravessaram a peneira? Explique por que isso ocorre.

_____
_____
_____

3 Você conhece o nome dos processos que você explicou nas questões anteriores? Converse com os colegas sobre isso e, se não souberem, façam uma pesquisa para responder.

_____
_____

4 Volte às hipóteses levantadas no começo da atividade e veja se estão parecidas com o que você fez no experimento. Converse com o professor e os colegas a respeito dos resultados. Escreva a seguir sua conclusão.

_____
_____
_____
_____

20. Qualidade do ar

O ar é composto de diversas substâncias. Além dos gases, nele há partículas de poeira, microrganismos, fuligem e vários outros materiais que são bem pequenos e não conseguimos ver a olho nu.

Será que o ar que respiramos é poluído? O que você acha que pode acontecer se deixarmos um filtro de papel branco exposto na janela? Anote suas hipóteses.

Material:
- pano branco com cerca de 50 cm de comprimento;
- saco plástico;
- barbante;
- tesoura sem ponta.

Como fazer
1. Peça a um adulto que corte o pano ao meio.
2. Coloque um dos pedaços do pano no saco plástico e feche-o com um pedaço de barbante; deixe uma das pontas do barbante mais comprida.
3. Com o barbante, fixe o saco em um local aberto, de preferência uma janela virada para a rua, mas de modo que fique protegido da chuva.
4. Pegue o outro pedaço de tecido e, com um pedaço de barbante, amarre uma das pontas no mesmo local.

5. Deixe ambos expostos durante uma semana.
6. Após a semana de exposição, volte ao local e recolha os panos.
7. Abra o saco e retire o pano. Coloque-o ao lado daquele que ficou sem proteção. Compare-os e anote as diferenças observadas.

Registro dos resultados e conclusão

Nome: _____
Turma: _____ Data: _____ / _____ / _____

1 Você acha que existe alguma relação entre a quantidade de trânsito próximo ao local onde você colocou o pano e a coloração obtida ao final do experimento?

_____
_____
_____
_____

2 Comparando o resultado de seu experimento com o dos colegas, quais outros fatores do ambiente poderiam influenciar na coloração do pano?

_____
_____
_____
_____
_____

3 Com base no experimento e em seus conhecimentos, você acha que a poluição do ar pode ser prejudicial para nossa saúde? Explique.

_____
_____
_____
_____

4 Comparando os resultados do experimento com suas hipóteses, há diferenças entre eles? Se houver, como você a explica?

_____
_____
_____
_____
_____